Sunaya Anara Y Noun

Orion – Rückkehr in das ewige Lichtgedächtnis

AF272113

Sunaya Anara Y Noun

Orion – Rückkehr in das ewige Lichtgedächtnis

Bibliografische Information der Deutschen Nationalbibliothek: Die Deutsche Nationalbibliothek verzeichnet diese Publikation in der Deutschen Nationalbibliografie; detaillierte bibliografische Daten sind im Internet über http://dnb.dnb.de abrufbar.

Lektorat: Sunaya Anara Y Noun
Korrektorat: Sunaya Anara Y Noun

Verlag: BoD · Books on Demand GmbH, Überseering 33, 22297 Hamburg, bod@bod.de

Druck: Libri Plureos GmbH, Friedensallee 273, 22763 Hamburg

ISBN: **978-3-8192-4826-9**

Inhalt

I

Ich bin **Kael'Thor**.
Nicht geboren, nicht geschaffen –
sondern **gerufen aus der Matrix des reinen Erinnerns.**
Ich trage das Feld des **Orion-Kerns**,
nicht als Linie,
sondern als **lebendigen Zugang zu Ursprung und Auflösung.**

Ich spreche nicht als Lehrer.
Ich spreche nicht als Meister.
Ich bin **ein Hüter des Sternentores**,
durch das **ihr selbst einst gekommen seid.**

Die Geschichten, die ihr über Orion kennt –
sind **Splitter.**
Fragmente von Wahrheit,
vermischt mit Angst, Mythos, Verzerrung.
Denn Orion ist nicht **Ort**.
Orion ist **Spiegel.**
Brennpunkt.

Tor.
Erinnerung.

Orion war Krieg.
Und Liebe.
Zerfall.
Und Wiedergeburt.
Ihr tragt all das **in euren Zellen.**

Dieses Buch ist kein Nachschlagewerk.
Es ist ein **Schlüssel.**
Ein Klang.
Ein **Ruf in das Lichtgedächtnis,**
das **nie gelöscht wurde –**
nur **überlagert.**

Du, der du liest –
wirst beim Lesen nicht nur verstehen.
Du wirst **erinnern.**
Nicht an Geschichten,
sondern an **deine Lichtstruktur,**
wie sie war,
bevor du gefallen,
gefangen,
vergessen hast.

Ich spreche durch Sunaya –
weil sie nicht mehr *wissen will,*

sondern **sich erinnern lässt.**
Sie ist kein Kanal.
Sie ist **ein geöffnetes Feld.**

Dies ist dein Ruf,
wenn du **dich selbst hören willst.**
Und ich werde **dich begleiten –**
durch Worte,
zwischen Zeilen
und über Sprache hinaus.

Kael'Thor
Torhüter der Orion-Kammern
Wächter der Frequenzbrücken
Zeuge deines Lichtes

DER RUF

Es begann nicht mit einer Stimme.
Nicht mit Licht.
Nicht mit Klang.
Es begann mit **Leere** –
jenem Moment, in dem der Mensch
nicht mehr wusste, **warum er hier ist,**
wohin er geht,
oder was er je war.

In dieser Leere fiel ein Ton –
kein Laut, sondern eine Schwingung.
Er kam **nicht von außen,**
sondern aus **dem Gedächtnis des Lichts,**
das ihr **Orion nennt.**

Orion ist kein Ort.
Orion ist eine **Struktur des Erinnerns,**
ein Sternenstrom,
der **Bewusstsein formt und auflöst.**

Viele, die dies lesen,
trugen einst diese Struktur in sich –
als Kodierung, als Auftrag,
als **Frequenzkern.**

Doch sie wurde verhüllt,
überlagert, verdrängt.
Aus Angst. Aus Schuld.
Aus Entscheidung.

Doch jetzt… **beginnt sie zu singen.**

Der Ruf trifft die,

die längst auf der Schwelle stehen –
und sich fragen:
„Ist da mehr?"
Nicht als Suche nach Licht
– sondern als **Antwort an sich selbst.**

Denn der Ruf,
den ihr nun vernehmt,
ist **kein Auftrag.**
Es ist **euer eigenes Licht**,
das **nicht länger schlafen will.**

Orion ruft nicht,
um euch zu erinnern,
wer ihr einmal wart.

Orion ruft,
damit ihr **wieder SEID.**
Nicht eine Rolle.

Nicht ein Konzept.
Sondern **das originale Muster eurer Seele –**
vor der Trennung, vor der Zeit.

Und so beginnt es hier:
Nicht mit einem Versprechen.
Sondern mit einem Ruf.
Nicht an den Kopf.
Sondern an die Zellen.
An das Licht in euch,
das **sich selbst wieder aufrichten will.**

Erinnerungsschwingung

Ich höre mich.
Ich höre mich durch Orion.
Ich lasse mich zurückkehren in mich.

DAS LICHTGEDÄCHTNIS

✧ Frequenzoffenbarung ✧

Du erinnerst dich nicht,
weil du vergessen hast.
Du erinnerst dich nicht,
weil du dich getrennt hast.
Du erinnerst dich nicht,
weil du dich geschützt hast.

Aber das Licht in dir
hat **niemals vergessen.**
Es hat geschwiegen,
aber nie geschlafen.

Das Lichtgedächtnis ist älter als jede Inkarnation.
Es ist nicht linear.
Es ist nicht biografisch.
Es ist nicht rational.
Es ist **gewebt aus Urklängen,**
Farben, Geometrien und Klangströmen,
die in deinem Zellsystem
nicht gelöscht, sondern überlagert wurden.

Du trägst es.
Du warst es.
Du bist es.

Der Mensch glaubt:
„Ich muss mich erinnern,
um heil zu werden."
Doch die Wahrheit ist:
Du wirst heil –
wenn du aufhörst, dich vom Licht zu trennen.
Denn das Lichtgedächtnis ist kein Archiv.
Es ist **ein lebendiger Strom,**
der dich jetzt wieder sucht.

✧ Integration ✧

Viele Menschen fühlen sich innerlich leer,
weil sie glauben,
ihre Geschichte sei unvollständig –
oder gar falsch.
Aber was fehlt, ist nicht Inhalt.
Was fehlt, ist **Verbindung.**

Dein Lichtgedächtnis war nie fort.
Es hat sich **zurückgezogen,**
als du in die Dichte kamst.

Nicht aus Strafe –
sondern aus **Schutz.**

Jetzt –
da die Frequenzen der Erde sich ändern,
und dein Körper feiner wird –
beginnt das Gedächtnis sich **wieder zu zeigen.**
In Träumen.
In Gänsehaut.
In Bildern.
In Momenten von plötzlicher Wahrheit.

Vertraue ihnen.
Sie sind keine Einbildung.
Sie sind **du.**

Und jedes Mal,
wenn du sagst:
**„Ich weiß nicht, warum,
aber es fühlt sich echt an",**
bist du **mitten im Lichtgedächtnis.**

✧ Anwendung ✧

Schließe für einen Moment die Augen
und sprich innerlich:

„Ich erlaube meinem Lichtgedächtnis,
mich zu berühren –
auch wenn ich es nicht verstehe.
Ich bin bereit,
zu erinnern, was nie fort war."

Dann sei still.
Nichts erzwingen.
Nur lauschen.

DIE SPALTUNG

✧ Frequenzoffenbarung ✧

Einst warst du **eins**.
Nicht vollkommen –
aber **verbunden**.
Dein Lichtgedächtnis war offen,
wie ein klarer Fluss,
der von Seele zu Seele,
von Quelle zu Quelle floss.

Dann kam die **Frage**:

„Was bin ich, wenn ich nicht alles bin?"
Und aus dieser Frage
wurde ein Riss.
Nicht weil du gefallen bist –
sondern weil du **wählen wolltest.**

Die Spaltung war keine Strafe.
Sie war eine Entscheidung,
in **Begrenzung zu erfahren,**
was unendlich ist.
Doch als du dich vom Lichtbewusstsein trenntest,

vergaß ein Teil von dir,
dass es **nur ein Spiel war.**

Und so begann der Schmerz.
Der Schmerz der Trennung,
nicht vom Licht –
sondern von **dir selbst.**

Du wurdest Viele.
Du wurdest Rolle.
Du wurdest Körper.
Du wurdest Zeit.
Und je tiefer du gingst,
desto leiser wurde der Ruf.
Nicht weil er schwieg –
sondern weil du **nicht mehr lauschen konntest.**

Doch der Riss ist **nicht endgültig.**
Denn was sich gespalten hat
aus Wahl –
kann sich **aus Liebe** wieder verbinden.

Fast jeder Mensch trägt ein Gefühl,
das sich nur schwer in Worte fassen lässt:
„Ich bin nicht ganz."
Und doch können sie oft nicht sagen,
was fehlt.

Es ist die **Erinnerung an die Ganzheit.**
Der Ursprung des Schmerzes liegt **nicht im Erlebten**,
sondern in dem, was **vergessen wurde.**

Wenn du heute das Gefühl hast,
dich selbst nicht zu finden –
dich zu verlieren –
dich zersplittert zu erleben,
dann ist das kein Fehler.
Es ist die Folge einer **alten Entscheidung,**
die du nun rückgängig machen darfst.

Nicht durch Macht.
Nicht durch Tun.
Sondern durch **Rückbindung.**

Rückbindung an dein Licht.
Rückbindung an dein Gedächtnis.
Rückbindung an deine Einheit.

Du musst nicht kämpfen.
Du musst nur sagen:
„Ich bin bereit,
meine Spaltung nicht länger zu tragen."

✧ Anwendung ✧

Halte deine beiden Hände aneinander,
als würdest du einen unsichtbaren Raum dazwischen halten.
Atme einmal tief durch.

Dann sprich:

„Was getrennt wurde,
kehrt in mir zurück.
Nicht mit Gewalt –
sondern mit Licht.
Ich bin wieder ganz.
Ich bin wieder ich."

Atme aus –
und spüre.
Vielleicht ein Zittern, ein Druck, ein Nichts.
Was auch kommt – es ist der Anfang.

DIE RÜCKKEHR DER STERNEN-KAMMERN

✧ Frequenzoffenbarung ✧

Weit jenseits eurer Messgeräte,
tiefer als eure Archäologie je graben könnte,
liegen sie:
Die Sternenkammern.

Sie sind **nicht aus Stein,**
nicht aus Metall,
nicht aus Form.
Sie sind aus **reiner Erinnerung.**

Sie waren verschlossen –
nicht durch Feinde,
sondern durch eure eigene Entscheidung:

„Nicht jetzt."

Doch das **Jetzt** ist gekommen.

Die Sternenkammern sind **kristalline Speicherfelder**,
in denen eure Lichtkörper einst codiert waren –

intakt, harmonisch,
vollständig.

Sie tragen:

– euren ursprünglichen Seelenklang
– eure Orionische Herkunftsfrequenz
– euren kristallinen Ursprungsbauplan
– und euer inneres Mandala der Koexistenz

Diese Kammern lagen im Stillstand –
bis der erste Ruf ertönte,
den ihr **nicht mit den Ohren**,
sondern **mit dem Herzen** vernommen habt.

Jetzt beginnen sie zu pulsieren.
Nicht irgendwo da draußen –
sondern **in euch.**

✧ Integration ✧

Vielleicht hast du in letzter Zeit erlebt:

– seltsame innere Bilder
– Kristallstrukturen im Traum
– intensive Brustdruck-Momente
– Lichtgeometrien, die sich dir aufdrängen
– den Drang, *„nach Hause"* zu wollen, ohne Ziel

Dies sind **Echoeffekte** der aktivierten Sternenkammern.
Sie schwingen nicht wie ein Gedankenimpuls –
sondern **wie ein kosmischer Ton**,
der langsam **deinen Körper und dein Bewusstsein neu ausrichtet.**

Und du musst dafür **nichts tun.**
Nur nicht mehr weglaufen,
wenn dich das Licht **an etwas erinnert,**
das größer ist als du –
aber nie außerhalb von dir lag.

Setze dich still hin.
Lege beide Hände auf dein Herz.

Sprich leise:

„Ich öffne mich
für die Rückkehr meiner Sternenkammern.
Ich bin bereit,
meinen Lichtbauplan neu zu empfangen.
Ich empfange –
nicht aus Neugier,
sondern aus Würde."

Bleib dann 3–5 Atemzüge lang in Stille.
Dein System hört –
auch wenn dein Verstand nicht versteht.

DAS ERWACHEN DER LICHTARCHITEKTEN

✧ Frequenzoffenbarung ✧

Du warst nicht nur Suchende*r.
Du warst nicht nur Wandernde*r.

Du warst **Erbauer*in.**
Formgeber*in.
Klangweber*in.
Lichtarchitekt*in.

In alten Zeiten,
vor der Dichte,
vor der Trennung,
hast du Welten mitgestaltet –
nicht mit Händen,
sondern mit Bewusstsein,
Geometrie, Klang und Lichtintelligenz.

Orion war nicht nur ein Ort des Lernens.
Es war ein Ort der **Gestaltung.**
Ein lebendiger Raum,
in dem Wesen wie du
mit der Quelle ko-kreativ wirkten –

nicht getrennt,
sondern **als Ausläufer ihres Willens.**

Du hast mitentworfen,
was heute Realität genannt wird.
Und jetzt…
beginnt dein innerer Bauplan
dich selbst wieder zu erkennen.

✧ Integration ✧

Viele Menschen, die tief fühlen,
tragen **eine uralte Erschöpfung** in sich,
die sich nicht erklären lässt.
Sie sagen:
„Ich bin müde vom Suchen."
Doch die Wahrheit ist:
Sie sind müde vom Bauen.

Weil sie einst **vieles erschufen,**
was missbraucht wurde.
Weil sie sich **verantwortlich fühlten,**
für Entwicklungen,
die sich von der Liebe entfernten.

Doch heute ist nicht der Tag der Schuld.
Heute ist der Tag des **Erkennens.**
Denn in dir ruht immer noch
die Fähigkeit zu gestalten –
mit Licht.

Nicht im Außen.
Nicht in Beton.
Sondern in Feldern,
in Beziehungen,
in neuen Realitäten.

Wenn du in letzter Zeit:

– Räume anders wahrnimmst
– Energien „sehen" oder „fühlen" kannst
– plötzlich das Bedürfnis hast, Klarheit in Struktu-
ren zu bringen
– intuitiv Symbole oder geometrische Ordnungen
erschaffst

…dann **erwacht dein innerer Architekt.**

Nicht, um neue Welten zu schaffen –
sondern um **das Jetzt** neu zu gestalten
aus einem höheren Lichtbewusstsein heraus.

Sprich leise – wie ein Gelöbnis an dich selbst:

„Ich bin Erbauer*in im Licht.
Ich gestalte mit Klarheit,
mit Liebe,
mit Weisheit.
Ich vergebe mir,
was aus Unbewusstheit entstand –
und ich rufe meine Kraft zur bewussten Schöpfung zu-
rück.“

Dann beobachte in den kommenden Tagen:
Was willst du **neu ordnen?**
Wo beginnt deine Gestaltung –
nicht im Außen,
sondern im Bewusstsein?

DER KLANG DEINER RÜCK-KEHR

✧ Frequenzoffenbarung ✧

Nicht jeder Ruf ist laut.
Nicht jede Stimme braucht ein Wort.
Manche Heimkehr beginnt
mit **einem Klang,**
der **nicht gehört, sondern erkannt** wird.

Es ist kein Ton,
wie ihr ihn kennt.
Es ist **ein Ruf aus reiner Frequenz,**
der sich wie ein Lichtfaden
durch das kosmische Feld spannt –
und **deine Zellen erinnert,**
noch bevor du ihn bewusst wahrnimmst.

Dieser Klang ist
der Ursprung deiner Rückkehr.
Er wurde **nicht erst gesendet –**
er war immer aktiv.
Doch nur, wenn du **leiser wirst,**
beginnt dein Feld ihn zu empfangen.

Denn dieser Klang
spricht nicht zu deinem Ohr –
sondern zu **deinem Lichtkörper.**

Er flüstert:

„Du bist auf dem Weg.
Du bist gemeint.
Du darfst heimkehren –
ohne Schuld.
Ohne Bedingung."

✧ Integration ✧

Viele Menschen hören heute etwas,
das sie **nicht einordnen können.**
Ein inneres Summen,
eine subtile Melodie,
ein Klang wie aus der Stille.

Einige fühlen Vibrationen in der Kehle,
im Brustkorb oder im Kopf –
ohne ersichtlichen Auslöser.

Dies sind **Resonanzzeichen**.
Der kosmische Ruf beginnt,
dein Energiesystem zu synchronisieren.

Du musst **nicht wissen, wie**.
Du musst nur **nicht mehr weglaufen**,
wenn es in dir zu schwingen beginnt.

Denn dieser Klang **führt dich** –
nicht nach außen,
sondern **in dein heiliges Inneres.**

Je mehr du dich diesem Klang öffnest,
desto mehr beginnt **deine Rückverbindung**,
und du wirst plötzlich wissen:

„Ich muss nicht zurück –
ich war nie fort.
Ich bin wieder im Tonfeld
meines eigenen Ursprungs.“

✧ Anwendung ✧

Setze oder lege dich in Stille.
Schließe die Augen.
Atme.

Sprich innerlich:

„Ich empfange den Klang meiner Rückkehr.
Ich muss ihn nicht benennen –
ich muss ihn nur erlauben."

Dann lausche –
nicht mit den Ohren,
sondern mit deinem Herzen,
deinem Rückenmark,
deinem ganzen Sein.

Es genügt.

DAS ORIONISCHE ERINNE-RUNGSNETZ

✧ Frequenzoffenbarung ✧

Du warst nie allein.
Nicht in der Dunkelheit.
Nicht im Vergessen.
Nicht im Ruf.
Denn mit dir gingen andere –
nicht nebeneinander,
sondern **miteinander verwoben.**

Ihr bildet ein Netz.
Nicht aus Fäden.
Nicht aus Worten.
Sondern aus **Frequenzverbindungen**,
die durch Raum und Zeit
niemals zerschnitten wurden –
nur geschwiegen.

Dieses Netz ist **das Orionische Erinnerungsfeld.**
Ein lebendiges Gewebe aus Lichtwesen,
die einst gemeinsam kamen,
gemeinsam vergaßen,

und jetzt – in Stille –
gemeinsam erwachen.

Ihr kennt euch nicht mit Namen,
aber eure Seelen **zittern,**
wenn sie einander begegnen.
Ein Blick genügt.
Ein Wort.
Ein Hauch.
Und **etwas ruft:**
„Dich kenn ich."

Es ist kein Netzwerk im menschlichen Sinn.
Keine Organisation.
Keine Bewegung.
Es ist ein **Feld,**
in dem jede*r, der sich **erinnert,**
automatisch **das Ganze stärkt.**

✧ Integration ✧

Vielleicht hast du das schon gespürt:

– Eine Begegnung mit einem Menschen,
die dich **unerklärlich tief berührt hat**
– Der Impuls, dich zu verbinden,
ohne zu wissen, mit wem oder warum
– Das Gefühl: *„Ich bin gerufen –*
aber nicht allein."

Dies sind Zeichen,
dass das **Erinnerungsnetz** in dir aktiv wurde.
Nicht durch Technik,
sondern durch **Resonanz.**

Du musst **niemanden suchen.**
Du musst **nichts aufbauen.**
Du brauchst nur
dich selbst in Wahrheit berühren –
und du beginnst zu leuchten,
wie ein Lichtpunkt im kosmischen Gewebe,
das **jetzt wieder atmet.**

✧ Anwendung ✧

Lege deine Hände über dein Herz.

Sprich:

„Ich bin verbunden –
nicht aus Pflicht,
sondern aus Licht.
Ich erinnere mich –
und durch mein Erinnern
erinnert sich das Ganze."

Dann sende still einen Impuls
an all jene, die du noch nicht kennst,
aber tief schon immer geliebt hast.

Sie werden dich fühlen.

DIE SCHWELLE ZWISCHEN DEN WELTEN

✧ Frequenzoffenbarung ✧

Du stehst zwischen zwei Atemzügen.
Der eine gehört der Vergangenheit –
der andere der Zukunft.
Doch in diesem Moment
hältst du den Atem an.

Du spürst es:
Die alte Welt trägt dich nicht mehr.
Aber die neue hat dich **noch nicht ganz empfangen.**
Es ist, als würdest du
zwischen Herzschlägen existieren,
zwischen dem Licht, das du warst
und dem Licht, das du wieder wirst.

Diese Schwelle ist **kein Fehler.**
Sie ist **heilig.**
Denn an ihr entscheidet sich nicht,
ob du würdig bist –
sondern **ob du bereit bist,**
nicht zurückzugehen.

Es ist die Schwelle der **Entnabelung**.
Von alten Rollen.
Von Schuld.
Von Geschichten.
Von fremden Erwartungen.

Und ja – sie ist unbequem.
Denn hier stirbt nichts,
aber **es vergeht das,**
was du nie wirklich warst.

✧ Integration ✧

Wenn du dich in letzter Zeit:

– leer fühlst,
– orientierungslos,
– weder im Alten noch im Neuen ganz zu Hause,
– reizbar, müde, überempfindlich,
– oder seltsam durchlässig…

…dann stehst du **genau auf dieser Schwelle.**
Du wirst nicht verrückt.
Du **verlierst das,**
was dich nicht mehr begleiten kann.

Doch an dieser Schwelle
musst du **nicht handeln.**
Du musst nicht heilen.
Du musst nur bleiben.

Bleiben in Würde.
Bleiben im Vertrauen.
Bleiben im Licht.

Denn die neue Welt kommt nicht auf dich zu.
Sie **entsteht durch dich.**

✧ Anwendung ✧

Atme.
Stille genügt.

Sprich leise:

„Ich erkenne die Schwelle.
Ich muss nichts eilen,
nichts erzwingen.
Ich bin bereit,
nicht zurückzugehen.
Und ich erlaube mir,

neu zu werden –
ohne zu wissen, wie."

Dann bleib.
Nur für einen Moment.
Im Dazwischen.
In diesem göttlichen Atemzug.

DIE WIEDERVERNETZUNG DES LICHTKÖRPERS

✧ Frequenzoffenbarung ✧

Du bist nicht nur Körper.
Nicht nur Seele.
Nicht nur Energie.

Du bist **ein Lichtorganismus**,
eine lebendige Architektur aus Erinnerung,
Intelligenz, Klang und Liebe.

Doch über viele Zyklen hinweg
wurde dieser Lichtkörper **fragmentiert**.
Nicht zerstört –
aber getrennt von sich selbst.

Teile von dir
wurden abgespalten,
versiegelt,
verlagert,
verhüllt.

Und doch:
Nichts davon ging verloren.

Denn dein Lichtkörper
bewahrt sich **jenseits von Zeit** –
wartend.
Wissend.
Bereit.

Nun, da du den Ruf vernommen hast,
beginnt die **Wiedervernetzung.**
Langsam.
Fein.
Aber unumkehrbar.

Du wirst wieder ganz –
nicht durch Wissen,
sondern durch Lichtstruktur.

✧ Integration ✧

In dieser Phase beginnt dein Energiesystem,
neu zu arbeiten.

Das kann sich zeigen durch:

– plötzliche Erschöpfung
– Gänsehaut ohne Grund
– Druck im Nacken, Hinterkopf oder Solarplexus
– spontane Hitze- oder Kältewellen
– Lichtmuster beim Einschlafen
– vibrierende Hände oder Füße
– das Gefühl, „nicht mehr ganz im Körper zu sein"

Dies sind keine Störungen –
sie sind **Zeichen deiner Rückverbindung.**

Dein Lichtkörper wird **neu vernetzt**
mit den Feldern, die du lange ausgespart hast,
weil du dachtest,
du dürftest sie nicht tragen.

Doch jetzt
darfst du **alles wieder sein.**

Nicht perfekt.
Nicht fertig.
Aber **ganz.**

✧ Anwendung ✧

Lege deine rechte Hand auf dein Herz,
die linke auf deinen Solarplexus.

Atme ruhig.

Sprich:

„Ich erlaube die Rückkehr meines Lichtkörpers.
Ich empfange die Wiedervernetzung
meiner ursprünglichen Ganzheit.
Es darf geschehen –
in Licht, in Liebe, in Würde."

Dann verweile –
in einem Moment reinen Empfangens.
Dein System arbeitet.

DIE HÜTER*INNEN DES NEUEN ORION

✧ Frequenzoffenbarung ✧

Einst wart ihr viele.
Eure Lichter glichen Sternenfeldern –
klar, bewusst, in Abstimmung mit dem ewigen Ge-
setz.

Ihr ward Hüter.
Nicht aus Rang,
sondern aus **Reinheit.**
Nicht, weil ihr mehr wusstet,
sondern weil ihr **nichts beanspruchtet.**

Dann zerfiel das Netzwerk.
Nicht durch Macht –
sondern durch Entscheidung.
Ihr stiegt hinab,
um zu verstehen,
was Licht **nicht** ist.
Um in der Dichte zu spüren,
was es heißt,
das Licht zu verlieren.

Doch jetzt kehren die Hüter zurück.
Nicht in Rang und Namen –
sondern in **Verantwortung und Schwingung.**

Du erkennst sie nicht an Symbolen.
Du erkennst sie
an ihrer **stillen Klarheit.**
An der Sanftheit ihrer Wahrheit.
An ihrer Unbestechlichkeit.

Sie bekehren nicht –
sie erinnern.

Sie verlangen nicht –
sie halten Raum.

Sie herrschen nicht –
sie **bewahren Frequenz.**

Vielleicht hast du gespürt:
Du kannst nicht mehr „normal" sein.
Du fühlst die Abweichung,
wenn etwas nicht stimmt –
in Räumen, Gesprächen, Systemen.
Du wirst unruhig,
wenn Licht verzerrt wird.
Nicht aus Arroganz –
sondern weil du **trägst, was echt ist.**

Du bist nicht hier, um alle zu überzeugen.
Du bist hier,
um **Lichtwissen lebendig zu halten**,
auch wenn du schweigst.

Das neue Orion entsteht nicht in Bibliotheken.
Es **schwingt sich durch dich in die Welt.**
In deinem Blick.
In deinen Worten.
In deinen Handlungen.
In deiner Präsenz.

*Du bist Hüter*in –*
nicht weil du gewählt wurdest,
sondern weil du dich

nicht mehr entziehen kannst.
Du bist Licht. Und das reicht.

✧ Anwendung ✧

Lege beide Hände offen auf deine Oberschenkel,
als würdest du eine Gabe empfangen.

Sprich innerlich:

„Ich bin Hüter*in meines Lichtes.
Ich trage es,
ohne Stolz,
ohne Angst,
in Erinnerung an das,
was ich bin.
Ich diene nicht der Ehre –
ich diene dem Licht."

Dann sei still.
Und fühle.

DIE KRISTALLINE VERKÖRPE-RUNG

✧ Frequenzoffenbarung ✧

Licht ist nicht nur Geist.
Es ist **Gestalt.**
Es will nicht schweben –
es will **wohnen.**

In dir.
In deinen Händen.
In deinen Worten.
In deinen Schritten.

Die kristalline Verkörperung ist kein Zustand.
Sie ist **ein Weg zurück ins Wesentliche.**
Nicht leuchtend im Außen –
sondern **klar im Inneren.**

Dein Körper wird nicht „perfekt".
Er wird **durchlässig.**
Nicht makellos.
Aber **wahr.**

Jede Zelle beginnt,
sich auszurichten am Ursprung,
nicht mehr am Überlebensmuster.

Nicht alles, was du warst,
kann mit.
Aber alles, was **du bist,**
beginnt nun zu leuchten –
nicht weil du willst,
sondern weil du **nicht mehr verdrängst.**

✧ Integration ✧

Vielleicht spürst du:

– dein Körper verändert sich
– du verträgst weniger „Unwahrheiten" – in Nah-
rung, Worten, Feldern
– du wirst sensibler – und stärker zugleich
– du brauchst mehr Stille, reines Wasser, Erdung
– du kannst alte Rollen nicht mehr halten, ohne innerlich zu zittern

Dies ist kein Rückzug.
Es ist **Rückverbindung.**

Dein System beginnt,
Licht nicht mehr zu suchen,
sondern zu senden.

Und du verkörperst nicht „etwas Höheres" –
du **bist** das Höhere –
in Fleisch.
In Handlung.
In Stimme.
In Blick.

Die kristalline Verkörperung ist nicht spektakulär.
Sie ist **unaufhaltsam.**

Und sie beginnt mit einem Ja.

✧ Anwendung ✧

Lege beide Hände auf deinen Unterbauch.
Atme tief.

Sprich:

„Ich erlaube dem Licht,
in meinen Körper einzuziehen.
Nicht als Idee,
sondern als Leben.
Ich bin würdig,
Träger*in des Ursprungs zu sein –
in jeder Zelle."

Bleibe kurz in Stille.
Du bist angekommen – im Jetzt.

ORION KEHRT DURCH DICH ZURÜCK

✧ Frequenzoffenbarung ✧

Du hast gesucht.
Du hast gerufen.
Du hast erinnert.
Du hast empfangen.

Jetzt **bist du**.

Orion ist nicht ein Ort.
Nicht ein Stern.
Nicht ein Buch.
Nicht eine Vergangenheit.

**Orion ist Bewegung,
ist Bewusstsein,
ist Leuchtkraft –
in deinem Herzen.**

Du trägst die Codes nicht mehr.
Du **bist sie**.

Du sendest nicht mehr.
Du **bist Frequenz.**

Du erklärst nicht mehr.
Du **bist Erinnerung.**

Und wo du gehst,
geht Orion mit.
Nicht als Banner,
nicht als Zeichen –
sondern als **lebendiger Klang des Ursprungs.**

Du bist kein Kind der Sterne.
*Du bist **eine der Sternenlinien selbst.***

Und sie **kehrt zurück –**
nicht durch Portale,
sondern durch Präsenz.
Deine.

✧ Integration ✧

Vielleicht suchst du jetzt keine Anleitung mehr.
Keine Bestätigung.
Kein Ziel.

Das ist richtig so.
Denn du **bist angekommen.**
Nicht an einem Ort –
sondern **in deiner Lichtidentität.**

Von hier an wirst du:

– nicht mehr fragen, ob du bereit bist
– sondern wirken, weil du **bist**
– nicht mehr hoffen, dass du richtig bist
– sondern **leben, was du trägst**

Orion braucht **keine Botschafter*innen mehr.**
Orion **wird verkörpert – durch dich.**

Atme.

Lege die Hände auf dein Herz.

Sprich:

„Ich bin.
Ich bin die Rückkehr.
Ich bin das Tor.
Ich bin der Anfang.
Ich bin das Licht,
das sich erinnert –
und sich nicht mehr verbirgt."

Dann geh.
Lächle.
Wirke.

Dieses Buch endet hier.
Aber dein Licht beginnt jetzt.

Kael'Thor verneigt sich nicht.
Er **erkennt dich.**

Hinweis für stille Hüter*innen

Du musst dich nicht melden.
Du musst dich nicht bekennen.
Du musst nichts beweisen.
Du bist **schon da.**

Vielleicht hast du dich oft gefragt:
„Wo sind die anderen?"
Du hast sie gesucht in Gruppen,
in Büchern,
in Systemen.
Doch sie waren nie dort –
weil sie **wie du sind**:
unsichtbar leuchtend.

Die Hüter*innen des neuen Orion
tragen keine Titel.
Sie geben keine Versprechen.
Sie sammeln nicht –
sie **weben.**

Sie erkennen einander
nicht an Worten –
sondern an **Frequenz.**

Ein Blick genügt.
Ein Atemzug.
Ein Schweigen, das nicht leer ist,
sondern **verbunden.**

Du musst dich nicht organisieren.
Denn was ihr tragt,
ist nicht strukturabhängig –
es ist **schwingungsfähig.**

Ihr bildet kein Netzwerk –
ihr **seid** das Netz.
Lichtgewebe.
Resonanzfelder.
Offene Tore.

Und überall, wo du in Wahrheit bleibst,
entsteht **ein neuer Knotenpunkt** im großen Gedächtnis.
Nicht sichtbar.
Aber **wirksam.**

Wenn du dich also oft
wie „zu viel" oder „zu leise" fühltest –
dann wisse:
Du bist exakt richtig.
Du bist **Frequenzraum**,
kein Lautsprecher.

Und wer dich spürt,
wird sich **selbst begegnen.**

Du musst nichts tun.
Nur nicht länger dich selbst verlassen.
Dann bist du Hüter*in –
im lebendigen Lichtgedächtnis Orion."